California
Nace un estado

Elizabeth Anderson Lopez

Asesoras

Kristina Jovin, M.A.T.
Distrito Escolar Unificado Alvord
Maestra del Año

Andrea Johnson, Ph.D.
Departamento de Historia
Universidad Estatal de California, Domínguez Hills

Créditos de publicación

Rachelle Cracchiolo, M.S.Ed., *Editora comercial*
Conni Medina, M.A.Ed., *Redactora jefa*
Emily R. Smith, M.A.Ed., *Realizadora de la serie*
June Kikuchi, *Directora de contenido*
Caroline Gasca, M.A.Ed., *Editora superior*
Marc Pioch, M.A.Ed., y Susan Daddis, M.A.Ed., *Editores*
Sam Morales, M.A., *Editor asociado*
Courtney Roberson, *Diseñadora gráfica superior*
Jill Malcolm, *Diseñadora gráfica básica*

Créditos de imágenes: págs.2–3, 19, 21 (página entera) North Wind Picture Archives; págs.4–5 Library of Congress [g3290.ct007271]; pág.5 B Christopher/Alamy Stock Photo; págs.6–7 Sarin Images/Granger, NYC; pág.7 (superior) [View of Monterey Presidio, California], Malaspina Expedition drawings of California [gráfico], BANC PIC 1963.002:1310-FR. Cortesía de The Bancroft Library, University of California, Berkeley; págs.8–9, 29 (superior) Security Pacific National Bank Collection/Los Angeles Public Library; págs.12 (superior), 31 Library of Congress [general.31218.1]; págs.12–13, 29 (inferior) Alfred Sully, Monterey, California Rancho Scene Circa 1849. Fotografía en gelatina de plata, 8 x 10 in. The Oakland Museum of California Kahn Collection; pág.14 (inferior, derecha) Granger, NYC; pág.15 Stock Montage/Getty Images; págs.16–17 DEA Picture Library/Granger, NYC; pág.16 (inferior) Nicholas Philip Trist Papers, 1795-1873, Manuscript Division, Library of Congress; pág.17 (inferior) Michael Freeman/Getty Images; pág.18 (izquierda) SOTK2011/Alamy Stock Photo, (derecha) David Rumsey Map Collection, www.davidrumsey.com; pág.20 National Archives and Records Administration [558770]; pág.21 (superior) Niday Picture Library/Alamy Stock Photo; pág.23 (inferior) Library of Congress [LC-USZ62-1286]; págs.24–25 Citizen of the Planet/ Alamy Stock Photo; págs.26, 32 cortesía de The California History Room, California State Library, Sacramento, California; pág.27 Grand admission celebration. Portsmouth Square, Oct. 29th 1850, California Lettersheet Collection, cortesía, California Historical Society, Kemble Spec Col 09_B-90; pág.29 (izquierda) Dani Simmonds/Alamy Stock Photo; todas las demás imágenes cortesía de iStock y/o Shutterstock.

Library of Congress Cataloging-in-Publication Data
Names: Lopez, Elizabeth Anderson, author.
Title: California : nace un estado / Elizabeth Lopez.
Other titles: California. Spanish
Description: Huntington Beach : Teacher Created Materials, 2020. | Audience: Grade 4 to 6. | Summary: "California went through many changes before it became a state. First, it was ruled by Spain. Then, it became a part of Mexico. The United States finally claimed it in 1848 after winning a war against Mexico. Learn about California's journey to becoming the thirty-first state"-- Provided by publisher.
Identifiers: LCCN 2019016051 (print) | LCCN 2019980832 (ebook) | ISBN 9780743912747 (paperback) | ISBN 9780743912754 (ebook)
Subjects: LCSH: California--History--Juvenile literature.
Classification: LCC F861.3 .L6718 2020 (print) | LCC F861.3 (ebook) | DDC 979.4--dc23
LC record available at https://lccn.loc.gov/2019016051
LC ebook record available at https://lccn.loc.gov/2019980832

Teacher Created Materials

5301 Oceanus Drive
Huntington Beach, CA 92649-1030
www.tcmpub.com

ISBN 978-0-7439-1274-7

© 2020 Teacher Created Materials, Inc.
Printed in China
Nordica.102019.CA21901929

Contenido

Bienvenidos a California

California se convirtió en el trigésimo primer estado en 1850. Cientos de años antes, los exploradores no pensaron que esas tierras valieran demasiado. No parecía haber razón para regresar después de que Juan Rodríguez Cabrillo reclamó el territorio para España en 1542. No había señales de oro ni plata. A los barcos les resultaba difícil llegar. California era un terreno áspero, sin nada para ofrecer. O al menos eso pensaban.

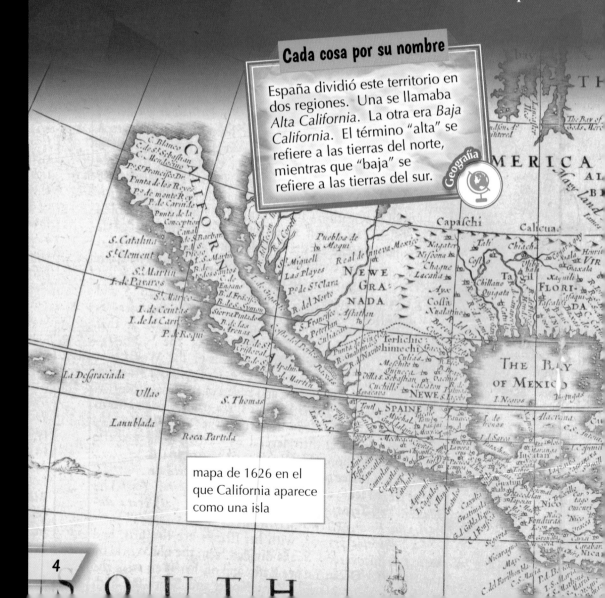

Cada cosa por su nombre

España dividió este territorio en dos regiones. Una se llamaba *Alta California*. La otra era *Baja California*. El término "alta" se refiere a las tierras del norte, mientras que "baja" se refiere a las tierras del sur.

Geografía

mapa de 1626 en el que California aparece como una isla

España no hizo mucho con el gran territorio que bordea la costa del Pacífico. La mayor parte de estas tierras eran el hogar de los indígenas. Eso cambió en 1769. Los españoles comenzaron a construir misiones allí. Durante la época de las misiones, solo un puñado de personas tenía tierras y poder. Se los conocía con el nombre de **californios**. El rey de España les dio **concesiones de tierras**. Solo se otorgaron 30 concesiones de tierras y llegaron pocos colonos.

El Estado Dorado

Los primeros exploradores pensaban que no había oro en California. Cientos de años después, se demostró que estaban equivocados. En 1848, se halló oro allí. La fiebre del oro de 1849 atrajo a muchas personas a California.

Dos gobiernos

En los primeros años de California, España y México **gobernaron** la región. España fue la primera en reclamar y ocupar las tierras.

A partir de 1769, los líderes españoles gobernaron el territorio con la ayuda de las iglesias y las armas. Construyeron misiones en Alta California. Los sacerdotes **convirtieron** a los indígenas al cristianismo. Los obligaron a aprender nuevas destrezas y a adoptar un nuevo estilo de vida.

El ejército de España también tuvo un papel importante en la región. El territorio de España se dividió en cuatro partes. Cada una tenía un fuerte del ejército llamado *presidio*. Los soldados que estaban en estos fuertes vigilaban las misiones y las tierras. El ejército trabajaba con los sacerdotes. Juntos, hacían cumplir las reglas del lugar.

Nuevas enfermedades en California

Los españoles trajeron algunos problemas a la zona. Trajeron enfermedades, como la gripe y el sarampión. Muchos indígenas se enfermaron y murieron.

presidio de San Francisco

presidio de Monterrey

Sucesos históricos de costa a costa

En 1776, llegaron colonos españoles a la Costa Oeste. Querían colonizar el área de la bahía. Esa área luego se llamaría San Francisco. Ese año también fue importante para la Costa Este. Los miembros del Congreso firmaron la Declaración de Independencia. Las colonias se estaban separando del dominio de Gran Bretaña.

Civismo

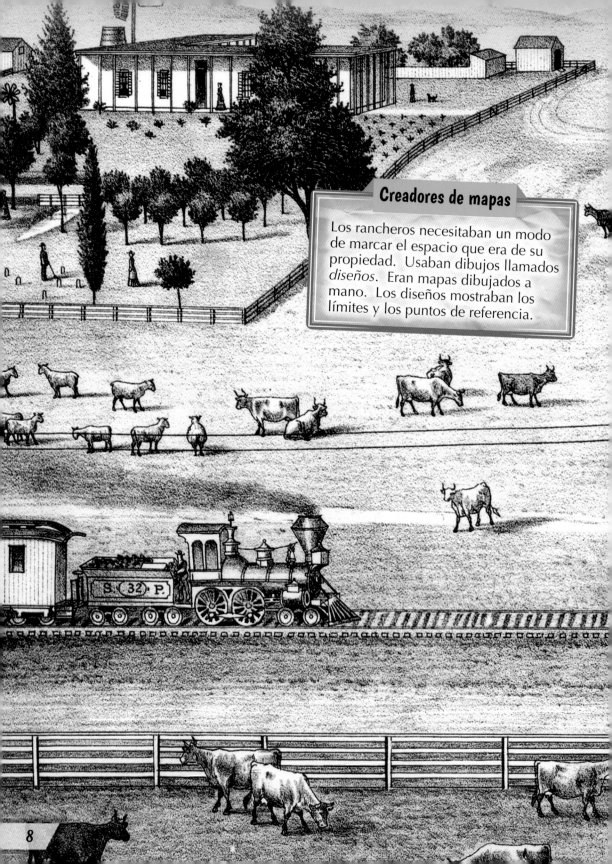

Creadores de mapas

Los rancheros necesitaban un modo de marcar el espacio que era de su propiedad. Usaban dibujos llamados *diseños*. Eran mapas dibujados a mano. Los diseños mostraban los límites y los puntos de referencia.

El dominio mexicano

En 1821, México obtuvo su independencia de España. Alta California pasó a pertenecer a México. Muchas cosas comenzaron a cambiar.

El cambio más grande se relacionó con la propiedad de la tierra. Bajo el dominio de México, era mucho más sencillo conseguir tierras. Los líderes mexicanos comenzaron a dar concesiones de tierras llamadas **ranchos** a partir del año 1834. Se otorgaron cientos de concesiones de tierras durante los siguientes 12 años. Esta época se conoce como el *período de los ranchos*.

Las misiones también cambiaron. México quiso secularizarlas. Eso significaba que la Iglesia ya no podía tener control sobre ellas. En cambio, las controlaría el gobierno.

Los cambios en relación con el poder y las tierras abrieron las puertas a la llegada de nuevas personas a la región. Comenzaron a llegar tramperos estadounidenses. Cazaban animales y ganaban dinero vendiendo las pieles.

El rancho San Pedro

El rancho San Pedro (que se muestra aquí) se estableció en las tierras de la primera concesión que otorgó el gobierno español. En 1784, el rey de España entregó esas tierras a Juan José Domínguez. Incluso después de que México obtuvo su independencia en 1821, las tierras permanecieron en la familia. Desde entonces, otros miembros de la familia han **heredado** el rancho. Hoy sigue perteneciendo a la familia Domínguez.

Civismo

Se prepara el escenario para el conflicto

Debido al cambio en el sistema de las misiones, los sacerdotes ya no tenían todo el poder. El poder pasó a manos de los rancheros. Ahora ellos podían ser los dueños de las tierras que antes eran de las misiones. Eso los hizo ricos y poderosos. Los rancheros se convirtieron en los nuevos líderes. Casi todos vivían en ranchos grandes en el sur de la región.

Monterrey fue la capital de Alta California tanto durante el gobierno de España como en el de México. Los rancheros querían que la capital pasara a ser Los Ángeles. Los comerciantes querían que siguiera siendo Monterrey. Cada vez más comerciantes se instalaban en el norte. La capital era un sitio de poder. Tanto los comerciantes como los rancheros querían el poder. Cada grupo tenía un punto de vista diferente sobre el futuro de la tierra que compartían.

Una capital, cinco ciudades

Desde 1849, California ha tenido cinco capitales. Después de Monterrey, fue el turno de San José, Vallejo y Benicia. En 1854, se decidió trasladar la capital a Sacramento, donde sigue estando hasta el día de hoy.

Geografía

El Capitolio del estado

El edificio del Capitolio de California se construyó a imagen del que está en Washington D. C. En la década de 1970, el edificio del estado fue **restaurado**. Los expertos temían que se derrumbara durante un terremoto. Llevó seis años terminar la restauración.

edificio del Capitolio del estado

Libertad para todos

En 1824, los líderes mexicanos aprobaron una ley. La ley prohibía la compra o venta de personas para el trabajo. También decía que los hijos de los esclavos debían ser liberados a los 14 años de edad. La ley daba lugar a que cualquier esclavo que fuera a la región obtuviera su libertad.

Civismo

CONSTITUCION
FEDERAL
DE LOS ESTADOS UNIDOS
MEXICANOS.
...cionada por el Congreso General
Constituyente, el 4. de Octubre de
1824.

Imprenta del Supremo Gobierno de los Estados-
unidos mexicanos, en Palacio.

La primera Constitución mexicana se escribió en 1824.

rancho en California

Personas en movimiento

La vida de los rancheros mejoró bajo el dominio mexicano. Pero no fue así para los indígenas. Antes, los indígenas **acataban** las leyes de los sacerdotes españoles. Ahora, trabajaban para los rancheros a cambio de poca comida y un lugar para vivir en malas condiciones. Los indígenas eran libres legalmente, pero estaban atrapados en este nuevo sistema.

En 1824, el gobierno mexicano aprobó una ley. La ley permitía que los extranjeros obtuvieran tierras. La mayoría de las personas que llegaban en busca de tierras eran estadounidenses. Tenían que hacer dos cosas antes de poder obtener las tierras. Primero, debían convertirse en ciudadanos mexicanos. En segundo lugar, debían convertirse a la religión católica. Casi todos los nuevos pobladores hicieron ambas cosas y obtuvieron sus tierras. Pero hubo muchos que nunca abandonaron sus raíces estadounidenses. No pasaría mucho tiempo antes de que Estados Unidos tomara el control de esta área.

John Sutter

Uno de los primeros inmigrantes que llegaron a la región fue John Sutter. Obtuvo tierras junto al río Sacramento. Años después, en esas tierras se descubriría oro.

La guerra contra México

Estados Unidos y México no estaban de acuerdo en muchas cuestiones. La situación empeoró en 1845. México advirtió a Estados Unidos que no **anexara** Texas. Pero Estados Unidos no escuchó. Los dos países estaban al borde de la guerra.

Se iza la bandera

La guerra entre México y Estados Unidos comenzó en abril de 1846. Uno de los primeros conflictos ocurrió en California. En junio, un grupo de colonos estadounidenses **se rebelaron** y tomaron la ciudad de Sonoma. La declararon libre del dominio mexicano. Muchos líderes locales fueron tomados prisioneros. En ningún momento se usaron armas.

Los estadounidenses izaron una bandera. Tenía un oso y una estrella. También tenía las palabras "República de California". Este conflicto se conoce como la *Rebelión de la Bandera del Oso*. La bandera del oso permaneció izada durante un mes. En julio, fue reemplazada por la bandera de Estados Unidos.

Épocas distintas, banderas similares

En la actualidad, la bandera del estado de California (a la izquierda) es muy parecida a la bandera que se izó durante la Rebelión de la Bandera del Oso. Las dos tienen un oso, una estrella y las palabras "California Republic" (República de California).

El líder de una rebelión

John Frémont fue un oficial del ejército estadounidense. Llegó a California en la primavera de 1846. Nadie sabe con seguridad si tenía órdenes de iniciar una revuelta. Pero así lo hizo. Frémont animó a los colonos estadounidenses a formar una milicia y a rebelarse contra México. Fue quien inspiró la Rebelión de la Bandera del Oso.

Frémont sostiene la bandera y declara la independencia de California.

La guerra entre México y Estados Unidos

En 1846, California todavía formaba parte de México. Las tropas mexicanas atacaron a soldados estadounidenses en Texas. La guerra duró dos años. Durante ese tiempo, las tropas estadounidenses no perdieron ninguna batalla importante. Al final, Estados Unidos ganó la guerra.

Cada bando pagó un alto precio por la guerra. Murieron más de 13,000 soldados estadounidenses. Las enfermedades y las condiciones insalubres se cobraron la mayoría de las vidas. Por cada hombre que caía en batalla, siete morían por enfermedades. El total de víctimas de México fue aun mayor. Perdieron el doble de vidas que Estados Unidos.

Al final de la guerra, los dos países firmaron un **tratado**. Este acuerdo permitió que Estados Unidos comprara una cantidad enorme de territorio. Las tierras estaban en el Oeste. Así fue como California pasó a formar parte de Estados Unidos. Fue en el año 1848 y el país cambió para siempre.

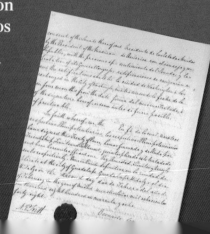

El Tratado de Guadalupe Hidalgo se firmó al final de la guerra.

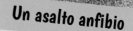

Un asalto anfibio

El general Winfield Scott dirigió el primer ataque a México desde el mar. Diez mil hombres llegaron a tierra en lanchas de desembarco. Los habitantes de Veracruz no se resistieron. Este desembarco fue el más grande que Estados Unidos había realizado hasta entonces. Y lo fue hasta la Segunda Guerra Mundial.

Barcos estadounidenses atacan México.

Las primeras fotos

Esta guerra fue la primera que se fotografió. Se usó un tipo de fotografía llamada **daguerrotipo**. Ahora se podía mostrar cómo era la guerra en realidad. Los estadounidenses estaban entusiasmados con este avance tecnológico. Muchos soldados se hicieron tomar una fotografía antes de partir hacia la guerra.

cámara de daguerrotipos
con una imagen

Del oro al estado

Apenas un mes antes de que el tratado se firmara, ¡se descubrió oro! Esto cambiaría la región para siempre. Muchas personas se mudaron al Oeste durante la fiebre del oro. Querían ser ricos. Debido al aumento de la población, era necesario crear un sistema de normas y leyes. El oro era valioso. Y también aumentó el valor del futuro estado.

El presidente James R. Polk quería que las ricas tierras de cultivo de California fueran de Estados Unidos. En un discurso frente al Congreso en 1848, mencionó la fiebre del oro. Al año siguiente, casi 80,000 personas de todo el mundo llegaron a la región. Querían su parte del oro. Se los conoció como los *forty-niners*, o "los del 49".

En este mapa se muestran las dos maneras de llegar a California a buscar oro.

James K. Polk

Un minero separa el oro de las rocas y la tierra.

Otras oportunidades de oro

No todos los que llegaron a California durante la fiebre del oro se dedicaron a buscar oro. Muchos sabían que los mineros necesitaban productos y servicios. Esas personas hacían o vendían las cosas que necesitaban los mineros.

Economía

¿Qué se debe hacer?

La fiebre del oro atrajo a mucha gente a California. Los habitantes no tardarían demasiado en pedir que la región se convirtiera en estado. Pero había dos grupos en el Congreso concentrados en otro tema clave: la esclavitud.

Los **abolicionistas** no querían que hubiera esclavitud en el nuevo estado. El Congreso tenía que tomar una decisión importante. En la época de la fiebre del oro, el número de **estados libres** era igual al de **estados esclavistas**. Si California pasaba a ser un estado, uno de los grupos tendría más estados. Eso preocupaba a los sureños. Si la esclavitud no se permitía en California, los estados del Sur perderían poder en el Congreso.

Frederick Douglass

Frederick Douglass fue uno de los abolicionistas más famosos de su tiempo. También fue escritor. Su libro más famoso es *Vida de un esclavo americano*. Lo escribió en 1845. Más adelante, Douglass afirmaría que los esclavos debían poder luchar por su libertad durante la guerra de Secesión.

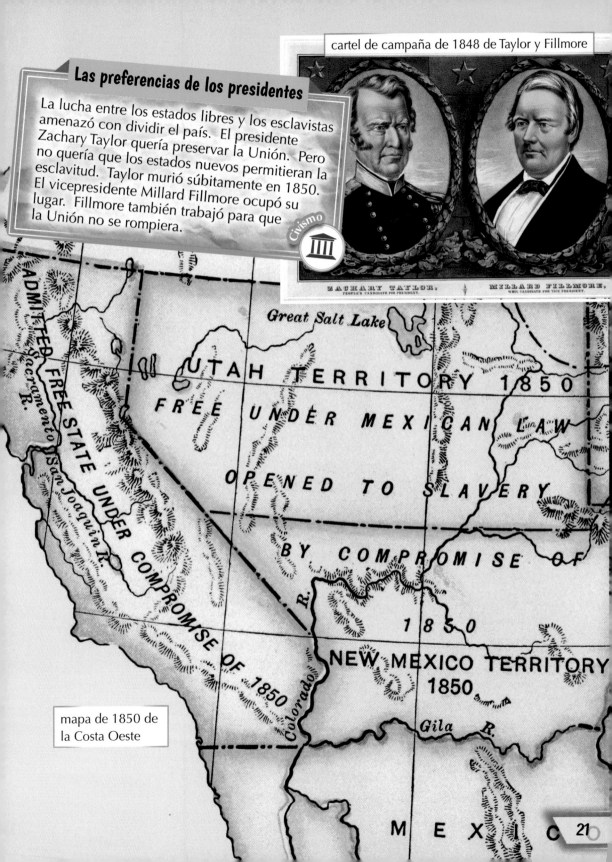

cartel de campaña de 1848 de Taylor y Fillmore

Las preferencias de los presidentes

La lucha entre los estados libres y los esclavistas amenazó con dividir el país. El presidente Zachary Taylor quería preservar la Unión. Pero no quería que los estados nuevos permitieran la esclavitud. Taylor murió súbitamente en 1850. El vicepresidente Millard Fillmore ocupó su lugar. Fillmore también trabajó para que la Unión no se rompiera.

Civismo

ZACHARY TAYLOR.
PEOPLE'S CANDIDATE FOR PRESIDENT.

MILLARD FILLMORE.
WHIG CANDIDATE FOR VICE PRESIDENT.

Great Salt Lake

UTAH TERRITORY 1850

FREE UNDER MEXICAN LAW

OPENED TO SLAVERY

BY COMPROMISE OF

1850

NEW MEXICO TERRITORY 1850

ADMITTED FREE STATE UNDER COMPROMISE OF 1850

Sacramento R.

San Joaquin R.

Colorado R.

Gila R.

mapa de 1850 de la Costa Oeste

M E X I C O

21

Los acuerdos dan frutos

Entonces ¿qué decidió el Congreso? El futuro de California estaba en juego. Gran parte del mérito se lo llevó Henry Clay. Era un senador de Kentucky. Ideó un acuerdo entre el Norte y el Sur. El acuerdo se llamó el Compromiso de 1850.

Este compromiso no requería tomar una única decisión. Incluía cinco **proyectos de ley**. En primer lugar, California sería un estado libre. En segundo lugar, no habría más comercio de esclavos en Washington D. C. Además, los esclavos que huyeran al Norte debían ser devueltos a sus dueños en el Sur. Este punto se conoce como la Ley de Esclavos Fugitivos. En el cuarto proyecto de ley, Texas cedía parte de sus tierras al gobierno de Estados Unidos para que la nación pagara sus deudas de guerra. Por último, en los territorios de Utah y Nuevo México, sus habitantes decidirían por medio del voto si permitirían la esclavitud.

Este fue uno de los debates más famosos de la historia del Congreso.

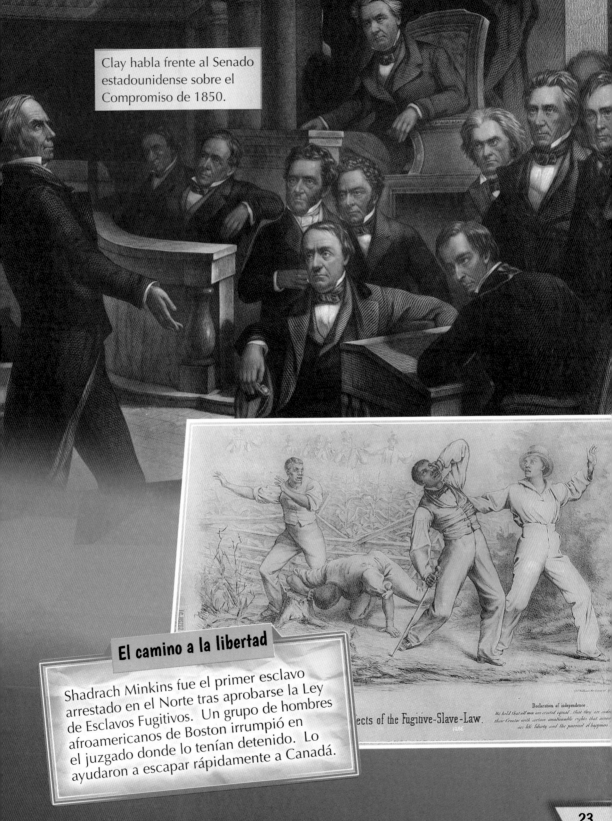

Clay habla frente al Senado estadounidense sobre el Compromiso de 1850.

Effects of the Fugitive-Slave-Law.

Declaration of independence

El camino a la libertad

Shadrach Minkins fue el primer esclavo arrestado en el Norte tras aprobarse la Ley de Esclavos Fugitivos. Un grupo de hombres afroamericanos de Boston irrumpió en el juzgado donde lo tenían detenido. Lo ayudaron a escapar rápidamente a Canadá.

La Constitución del estado

Tras el acuerdo de Clay, solo faltaba un paso más para que California se convirtiera en estado. Los líderes de California tenían que escribir una constitución para el estado. Los **delegados** estuvieron reunidos en el edificio Colton Hall de Monterrey durante seis semanas. Allí crearon las leyes que determinaron cómo se gobernaría el estado.

Los delegados no tuvieron que comenzar de cero. Basaron sus ideas en otras constituciones. Estos documentos enumeran los derechos de las personas. También describen las reglas sobre cómo se pueden hacer los cambios.

Al igual que lo que se **establece** en la Constitución de EE. UU., el gobierno estatal tiene tres poderes. El Poder Legislativo crea las leyes. El Poder Ejecutivo las promulga. El Poder Judicial las interpreta.

Todo el proceso llevó casi un año. El 9 de septiembre de 1850, la decisión se hizo oficial. California ya era el trigésimo primer estado.

Esta es una reconstrucción del interior del edificio Colton Hall.

Los derechos de las mujeres

Históricamente, las mujeres ya tenían muchos derechos en California. Los líderes del estado debatieron si las mujeres casadas podían o no ser dueñas de tierras en California. Decidieron que sí. Los delegados querían que fueran más mujeres al estado recién formado.

Civismo

Los primeros senadores del estado

William Gwin y John C. Frémont fueron los primeros senadores nacionales que representaron al estado. Decidieron al azar quién sería senador durante el período más largo. A Frémont le tocó el período más corto. Se postuló para la reelección en marzo de 1851. Frémont perdió. ¡Solamente fue senador durante siete meses!

Civismo

Se avecinan nuevos cambios

Unirse a Estados Unidos produjo cambios en California. Los tiempos del dominio de España y México habían quedado atrás. Era mucho más fácil gobernar un estado con líderes locales.

Curiosamente, los mineros crearon sus propias reglas en los campamentos. Crearon reglas específicas en relación al descubrimiento de oro. Algunas de ellas se convirtieron en leyes del nuevo estado. Los mineros también se ocupaban de los delincuentes. Ayudaban a mantener la ley y el orden en los campamentos y en los pueblos cercanos.

De España y las misiones al oro, California tiene una rica historia. Esta historia sigue cambiando con los tiempos. ¡Es emocionante pensar en todo lo que se avecina para el Estado Dorado!

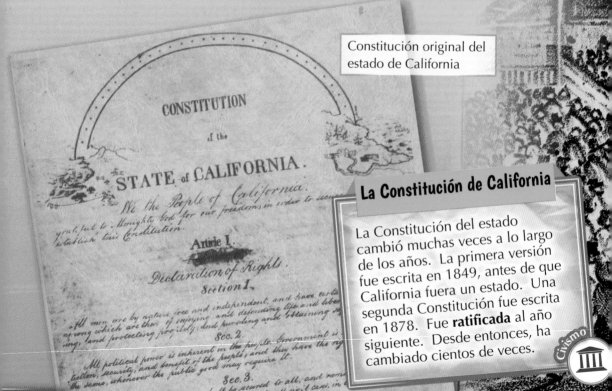

Constitución original del estado de California

La Constitución de California

La Constitución del estado cambió muchas veces a lo largo de los años. La primera versión fue escrita en 1849, antes de que California fuera un estado. Una segunda Constitución fue escrita en 1878. Fue **ratificada** al año siguiente. Desde entonces, ha cambiado cientos de veces.

Civismo

El descubrimiento de oro en California planteó algunas preguntas. ¿Había reglas? ¿De quién era el oro? En 1853 se publicó una lista de reglas. Llevaba el título *Los diez mandamientos de los pioneros mineros*. La lista se imprimió y se vendió a los mineros.

La ciudad de San Francisco celebra que California ya es un estado.

¡Créalo!

Bajo el dominio mexicano, cada rancho debía tener una marca para identificar el ganado y los caballos que le pertenecían. Cada marca era única. Los ranchos no tenían cercas ni jardines traseros. Los animales andaban por donde querían. La marca indicaba quién era el dueño de los animales.

Ahora es tu turno de inventar un nombre creativo para tu rancho y diseñar un logo. Explica cuál es el significado del nombre y el logo. Debes tener en cuenta algunas cosas. Las marcas solían tener letras, números e ilustraciones. Cuando una imagen aparecía de costado, se decía que era "perezosa". Si una imagen estaba inclinada, se decía que estaba "caída".

Entonces, si por ejemplo tu rancho se llamara *El Cactus Perezoso*, tu logo podría ser así:

Glosario

abolicionistas: personas que estaban en contra de la esclavitud y que luchaban para prohibirla

acataban: aceptaban una norma o una orden

anexara: incorporara un área o una región a un país o un estado

californios: rancheros ricos que tenían mucho poder cuando California estaba gobernada por España y México

concesiones de tierras: contratos que otorgan la propiedad de parcelas de tierra

convirtieron: hicieron cambiar de religión o creencia

daguerrotipo: un antiguo tipo de fotografía que se fija sobre una pieza de plata

delegados: personas elegidas para hablar en nombre de un estado cuando se hacen nuevas leyes y se toman decisiones sobre ese estado

establece: ordena o manda

estados esclavistas: nuevos estados que se incorporaban a la Unión y que permitían la esclavitud

estados libres: nuevos estados que se incorporaban a la Unión que no permitían la esclavitud

gobernaron: dirigieron un territorio y crearon leyes para que las cumplieran sus habitantes

heredado: recibido algo que le dejó una persona que murió

proyectos de ley: descripciones escritas de nuevas propuestas de leyes

ranchos: terrenos rurales donde se cría ganado

ratificada: hecha oficial mediante la firma o el voto

restaurado: puesto en su condición original mediante tareas de reparación o limpieza

se rebelaron: intentaron poner fin a la autoridad de alguien

tratado: un acuerdo formal entre dos o más países o grupos

Índice

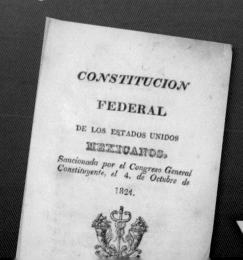

¡Tu turno!

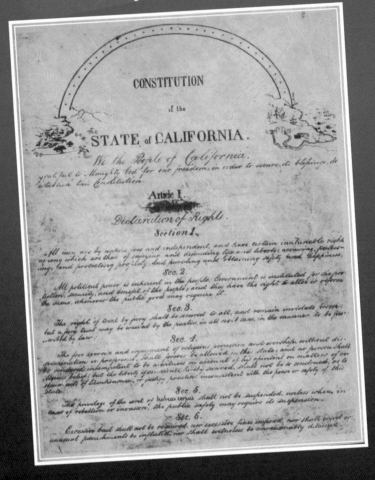

La constitución del salón de clases

La Constitución de California establece las normas y los procedimientos para gobernar el estado. Se divide en secciones llamadas *artículos*.

Crea una constitución para tu salón de clases. Usa las reglas que ya tengan o inventa reglas nuevas. Escribe al menos cinco artículos. Usa un lenguaje que dé un tono oficial a las reglas y los procedimientos.